Sandra Grimm

Die magische Dampflok

Entdeckungsreise in den Wald

Illustrationen von Ute Simon

Der Umwelt zuliebe ist dieses Buch
auf chlorfrei gebleichtem Papier gedruckt.

ISBN 978-3-7855-6242-0
1. Auflage 2008
© 2008 Loewe Verlag GmbH, Bindlach
Reihenlogo: Peter Pfeiffer
Umschlagillustration: Ute Simon
Umschlaggestaltung: Christian Keller
Innenlayout: Ines Wagner
Printed in Italy (028)

www.loewe-verlag.de

Inhalt

Ein stachliger Freund 8

Das Eichhörnchen 16

Auf der Lichtung 22

Über und unter der Erde 30

Die vier Jahreszeiten 36

Forscherbericht 46

Info-Seiten zum Ausklappen

Ein stachliger Freund

Jesper und Tina toben im Kindergarten durch einen riesigen Blätterhaufen. „Such mich!", schreit Jesper und wirft viele bunte Blätter in die Luft. „Herbst ist toll", ruft Tina und macht es ihm nach. Doch da ertönt ein **PLOCK!** Tina sagt: „Aua!"

Ihr ist eine dicke Kastanie auf den Kopf geplumpst. Jesper lacht. „Komm, die Kastanie heben wir auf", sagt er, „vielleicht bringt sie dir ja noch Glück!" Und er beugt sich suchend über die Blätter. Auch Tina sucht mit. Sie kriechen fast bis in die Hecke, aber die Kastanie bleibt verschwunden.

He, Jesper, guck mal!

Jesper sieht neugierig unter die Hecke. „Da liegt ein Igel unter den Blättern." Tina stupst den Igel vorsichtig an. Er bewegt sich nicht. „Der ist sicher krank!", sagt sie traurig. Jesper nickt. Er zieht seine Jackenärmel über die Hände und nimmt den Igel vorsichtig hoch. „Leg ihn hier rein!", sagt Tina und hält ihm ihre dicke Wollmütze entgegen. Behutsam hebt Jesper den Igel hinein. „Wir müssen ihn zum Hausmeister bringen. Professor Zweistein kann ihm sicher helfen!"

Schon laufen sie zur alten Lok, wo der Professor wohnt.

Professor
Zweistein steht mit
einer Leiter an seinem Zug und fegt die Blätter von den Dächern.
Er ächzt, weil er so klein und dick ist und kaum ans Dach heranreicht.
Prompt fällt ihm dabei seine Pfeife aus dem Mund. **„Mist"**,
schimpft der Professor. Jesper gibt ihm die Pfeife zurück. Sie ist
ganz kalt, denn der Professor raucht nie, sondern knabbert nur an
der Pfeife herum. „Na, ihr beiden, was gibt es denn?", fragt er
neugierig.

Tina zeigt ihm den Igel. „Der ist krank", erklärt sie. „Er bewegt sich nicht mehr." Professor Zweistein murmelt: „So, so!" Dann zeigt er auf einen Blätterhaufen unter einem Strauch. „Leg ihn dort rein, Tina", sagt er.

„Pflegen Sie ihn jetzt?", fragt Tina erleichtert. „Er ist nicht krank", antwortet der Professor. „Was hat er dann?", fragt Jesper erstaunt. „Ist es ihm zu laut im Kindergarten? Vielleicht ist er ganz erschöpft. Muss er nicht etwas fressen?" Professor Zweistein lacht. „Na, du willst ja viel wissen. Ihr könnt selbst herausfinden, was mit dem Igel los ist."

Steigt in den Waggon, wir fahren in den Wald.

Jesper und Tina klettern aufgeregt hinein. Sie wissen, dass der Hausmeister eine magische Lok hat: Man kann mit ihr durch Raum und Zeit reisen! Tina sieht noch einmal zum Igel hinüber und meint dann besorgt: „Wäre es nicht besser, den Igel in den Wald mitzunehmen?" Professor Zweistein schmunzelt. „Den lassen wir zur Sicherheit hier." Tina runzelt die Stirn. Sie ist sicher, dass es ihm im Wald besser gehen würde als hier. Aber dann zuckt sie mit den Schultern und macht die Waggontür zu. Sie macht es sich auf einem der dunkelroten Samtsitze gemütlich.

Festhalten!

Professor Zweisteins Stimme ertönt durch den Lautsprecher. „Es geht los!" Der Zug beginnt zu wackeln. Dichter Rauch steigt aus dem Schornstein empor. Bald hat er den ganzen Zug eingehüllt. Dann knackt und rumpelt es gewaltig, Tina und Jesper müssen sich gut festhalten. Aber im nächsten Moment ist es auch schon wieder vorbei, und alles um sie herum wird still.

Der Rauch verschwindet, und die Kinder sehen gespannt aus dem Fenster. „Tatsächlich, wir sind im Wald", flüstert Jesper. „Aber irgendetwas stimmt hier doch nicht!"

Alles ist so riesig!

Tina und Jesper sehen vor sich einen Ast, so **dick** wie ein Baum-
stamm. Die Tür geht auf, und Professor Zweistein blinzelt herein.
„Ähm, es ist ein bisschen was schiefgegangen", sagt er verlegen.
„Wir sind geschrumpft."
„Geschrumpft?", rufen Tina und Jesper gleichzeitig. Da beginnt der
Ast, auf dem sie stehen, zu wackeln. **„Huch"**, ruft Professor
Zweistein. Er kann sich gerade noch an der Waggontür festhalten,
beinahe wäre er gefallen! Und nun wuschelt ihm auch noch ein
dickes orangebraunes Ding vor der Nase herum.

Hatschi!

Vor ihnen sitzt ein
Eichhörnchen, das doppelt so
groß ist wie sie, und knabbert aufgeregt an einer
Nuss. „Wer seid denn ihr?", fragt es aufgeregt.
Höflich stellt der Professor sich und die Kinder
vor und erzählt dem Eichhörnchen vom Igel. Das
Eichhörnchen wippt nervös auf und ab. „Der Igel
könnte zu mir ziehen", sagt es. „Ich habe einen prima Kobel, also
ein echtes Eichhörnchennest. Wollt ihr mal sehen? Kommt mit!"
Und schon   hüpft   es   davon.

Das Eichhörnchen

Professor Zweistein klettert schnell in die Lok zurück und folgt dem Eichhörnchen. Es flitzt unglaublich schnell. Die Lok fährt über die dicken Äste von Baum zu Baum hinterher.

„Rote Blätter, das ist eine Buche", weiß Tina. „Und
jetzt dunkelgrüne Nadeln. Das ist sicher eine Tanne."
Da knackt es im Lautsprecher. „Richtig!
Aber es gibt noch andere Bäume mit Nadeln:
Kiefern und Fichten."
Tina ruft stolz: „Und andere Laubbäume:
Eichen, Kastanien und Ahorne. Ich
erkenne sie an ihren Blättern."

„Genau", knarzt die Stimme
des Professors. „Jetzt im Herbst
fallen ihre Früchte, die Eicheln,
Kastanien oder Bucheckern herab. Bei den Nadelbäu-
men sind es die Zapfen mit den Samen darin.
Daraus können dann im Frühling neue Bäume
wachsen. Aber bis die wieder so groß sind,
dauert es viele Jahre!"

17

Schließlich kommen sie an den Kobel des Eichhörnchens.
Alle steigen aus dem Zug und sehen sich um. „Das ist aber
sehr hoch hier", sagt Jesper zweifelnd. „Da kann so ein Igel
ja schnell herunterfallen! Außerdem ist er zu groß für das
Nest, glaube ich." Tina nickt.
„Wie heißt du eigentlich, liebes
Eichhörnchen?", fragt sie. Das
Eichhörnchen zuckt mit den
Schultern. „Wir nennen dich
Rotschopf", beschließt Tina.
Da hören sie plötzlich ein
lautes Hämmern.

„Mein Nachbar, ein Specht", erklärt Rotschopf. „Warum macht er so einen Krach?" Jesper hält sich die Ohren zu. Rotschopf lacht. „Er pickt die Rinde der Bäume auf. Dann holt er mit seiner rauen Zunge Insekten darunter hervor." Tina hat den Specht entdeckt. „Ich dachte, der klopft sich so eine Höhle!", sagt sie. Rotschopf nickt. „Auch richtig. Im Nachbarbaum hat er im Frühling seine Jungen bekommen. Aber dann ist er ausgezogen, und jetzt haust dort ein Marder. Igitt!" Rotschopf schüttelt sich. Denn vor Mardern muss er sich in Acht nehmen. „Also, für den Igel ist es hier jedenfalls viel zu laut", sagt Jesper und steigt schnell wieder in die Lok.

pock!
pock!
pock!

„Dann kommt mit nach unten!" Rotschopf hüpft mit großen Sprüngen zum Waldboden hinunter. Der Professor und die Kinder im Zug halten sich fest: Jetzt geht es den Stamm abwärts!

Wwwuschschsch!
Wwwuschschsch!
Wwwuschschsch!
Wwwuschschsch!

Die Lok saust in einem irren Tempo pfeilgerade nach unten. **„Bremsen!"**, schreit Tina. Doch dafür ist es schon zu spät. Sie plumpsen mit der ganzen Lok

hol ter di pol ter

auf den Boden.

Zum Glück landen sie in einem Ameisenhaufen.
Keinem ist was passiert. Keinem? Die Ameisen

schimpfen und rennen rennen und
und schimpfen und schimpfen und rennen
rennen schimpfen schimpfen und schimpfen
rennen

wild durcheinander.

„Schnell raus hier", ruft der Professor. „Ameisen beißen,
wenn jemand sie angreift, und das brennt!" Sie klettern eilig
aus der Lok. „Jetzt haben wir alles kaputt gemacht", sagt
Jesper traurig. „Das ist nicht so schlimm", meint Rotschopf. „Bei den Ameisen hat jeder eine besondere
Aufgabe. Schaut, das sind die Arbeiterinnen. Die
reparieren den Haufen. Und da hinten kommen
die Sammlerinnen. Die bringen Futter für die
Königin und die kleinen Larven,
die im Bau versteckt sind.
Und dann gibt es noch
die Soldatinnen. Sie
beschützen den Bau.
Gut, was?"

Auf der Lichtung

Tina und Jesper sehen den Ameisen staunend zu. Rotschopf ist so nett und zieht den Zug aus dem riesigen Haufen. Doch er kann nicht lange stillsitzen, darum flitzt er schon weiter. Der Zug folgt ihm über den holprigen Waldboden. Schließlich kommen sie an eine große Fläche ganz ohne Bäume.

„Das ist eine Lichtung", erklärt Professor Zweistein. Auf der
Lichtung wachsen viele Pilze. Mittendrin sitzt ein Hase und
knabbert grüne Halme. „Oh, oh, jetzt wird's gefährlich", sagt
Jesper auf einmal. „Ist doch nur ein Hase", lacht Tina ihn aus.
Doch dann sieht sie, was Jesper meint: Am Rand der Lichtung
stehen zwei wirklich große Wildschweine! **„Hilfe!"**

Doch Rotschopf sagt grinsend: „Die wollen bloß Pilze fressen. Vor Wildschweinen muss man sich nur fürchten, wenn sie Junge haben. Für ihre Frischlinge würden sie jeden verjagen. Obwohl, ihr seid ja jetzt keine **großen** Menschen, sondern kleiner als ich. Vielleicht knabbern sie gleich doch an euch herum?" Rotschopf kichert. Da springt Tina auf. „Aber guck mal da", ruft sie. „Bienen. Die machen doch Honig, oder?" Der Professor lacht. „Ich würde euch nicht raten, sie dabei zu stören. Ihr wisst doch, wie Bienen sich wehren, wenn man sie bedroht."

Jesper nickt. „Ja, im Sommer bin ich leider auf eine getreten, sie hat mich prompt gestochen." – „Hätte ich auch gemacht", sagt Tina mitleidlos. Jesper streckt ihr die Zunge raus. „Aber eigentlich schmeckt Waldhonig sehr lecker", mischt Professor Zweistein sich wieder ein. Er nimmt die Pfeife aus dem Mund und leckt sich die Lippen. „Die Bienen machen den Honig nicht aus Nektar, den sie von Blumen sammeln, sondern aus Honigtau, den sie von Blattläusen saugen. Deshalb schmeckt er ganz anders."

„Vielleicht kann der Igel hier auf der Lichtung gut blei-
ben", überlegt Jesper. Da ertönt schon wieder ein lautes
Sägen und Rattern. „Oh je, was ist denn das nun wieder?",
jammert Jesper. „Das sind Menschen", flüstert Rotschopf.
Er führt sie an den Rand des Waldes.

„In diesem Teil des Waldes haben sie schon alle Bäume
abgesägt", sagt er zitternd. „Keine Angst, Rotschopf", tröstet
der Professor. „Das sind Forstarbeiter. Die nehmen nur
einige Bäume weg. Wir Menschen nutzen die Bäume doch
für unsere Möbel und zum Heizen der Wohnungen. Aber
wir lassen euch genug Wald zum Leben übrig."

Rotschopf sieht ihn misstrauisch an. „Stimmt das denn wirklich?", fragt er. Professor Zweistein nickt. „Du kannst es selber sehen. In dem kleinen Stück Wald dort, mit dem Zaun drumherum, wachsen neue Bäume. Die haben die Menschen gepflanzt. Jeder Wald hat einen Förster, der sich darum kümmert, dass die Bäume gut wachsen und nicht krank werden. Und dass die kleinen Bäume auch groß werden können." – „Wieso brauchen sie einen Zaun?", fragt Jesper verwundert. „Sie können doch nicht weglaufen!" – „Leider", sagt Rotschopf. „Deshalb brauchen sie ihn auch. Denn Rehe knabbern gern an jungen Bäumen herum."

Und dann sehen sie tatsächlich einige Rehe am Waldrand stehen. „Der Rehbock dort mit dem kleinen Gehörn auf dem Kopf schaut gerade, ob alles ruhig ist", erklärt Rotschopf. „Und die anderen fressen solange. Sie kommen am liebsten heraus, wenn es langsam dunkler wird." Tina und Jesper nicken. Sie haben schon bemerkt, dass es dämmert, denn im Wald fällt das Sehen jetzt schwerer. Plötzlich schreitet ein großer Schatten aus dem Dickicht hervor. Die Rehe stört das nicht, aber Tina und Jesper zucken erschrocken zusammen.

Huch!

„Wozu hat er dieses riesige Geweih?", fragt Jesper. „Jetzt im Herbst suchen die Hirsche sich ihre Weibchen", erzählt Rotschopf. „Die nennt man Hirschkühe. Ein Hirsch hat mehrere davon. Und wenn ein anderer Hirsch kommt, verjagt er ihn. Dabei stoßen sie ihre Geweihe aneinander. Im Winter fällt das Geweih dann ab. Es wächst jedes Jahr ein neues." – „Gibt es jetzt schon junge Hirsche?" Tina sieht sich suchend um. „Nein, die werden erst im Frühjahr geboren", sagt der Professor.

29

Über und unter der Erde

„Und was ist jetzt mit dem Igel?", fragt Jesper schließlich. **„Ein Igel?"** Wie aus dem Nichts steht ein großer Fuchs vor ihnen. Der Professor und die Kinder klettern schnell in die Lok. Rotschopf flitzt auf einen Baum. „Kann ich euch helfen? Ich könnte mich um euren Igel kümmern. Ihn beschützen!" Der Fuchs lächelt ihnen freundlich zu. Da zwitschert eine Amsel kräftig von einem Ast herab. „Glaubt ihm nicht", schimpft sie. „Füchse fressen Igel!"

Er versucht, im Sprung nach der Amsel zu schnappen. Aber die Amsel ist längst fort.

Na warte!

„Nehmt es ihm nicht übel", sagt Professor Zweistein. „Jedes Tier bemüht sich, genug zu fressen zu finden. Das ist im Wald nun einmal so." – „Aber doch nicht unseren Igel", sagt Tina empört. „Natürlich nicht", schmunzelt der Professor. Sie fahren ein Stück in den Wald hinein. Hier ist es jetzt schon ziemlich dunkel. „Wisst ihr, wo wir noch nicht nachgesehen haben?", ruft Rotschopf plötzlich. „Unter der Erde! Vielleicht gefällt es eurem Igel dort!" Vor ihnen huschen zwei Dachse unter eine Baumwurzel. Rotschopf fragt, ob sie ihren Bau ansehen dürfen. Und sie haben Glück!

Hier unter der Erde ist es ganz still.

Während sie in den Eingang fahren, gehen überall an der Lok Lichter an, sodass Jesper und Tina alles gut sehen können. Aus den Erdwänden hängen Wurzeln, und immer wieder huschen Käfer und andere Insekten herum. Einmal sieht sie sogar ein Regenwurm ganz erstaunt an, als er den Kopf durch die Erde steckt. „Warum hat denn der Baum so viele Wurzeln?", fragt Jesper. „Damit er nicht umkippt, ist doch klar", sagt Tina. „Außerdem trinkt er damit Wasser und holt sich Nahrung aus der Erde." Professor Zweistein staunt. „Richtig! Was du alles weißt, Tina", wundert er sich.

„Haben viele Tiere ihre Höhlen unter der Erde?" Jesper findet es ganz schön eng. Zum Glück gelangen sie jetzt in eine größere Höhle. „Wir Dachse, Kaninchen, Maulwürfe, Mäuse und viele Tausend Insekten leben hier", erklärt der Dachs stolz. „Und natürlich der Fuchs. Diesmal wohnt er sogar bei uns. Füchse und Dachse verstehen sich gut, wisst ihr." Tina und Jesper seufzen. Füchse? Dann wird es ja schon wieder nichts mit dem Igelnest!

Also fahren sie wieder hinaus. Inzwischen ist es stockdunkel. Jesper steigt aus und streckt sich. Erleichtert atmet er die frische Waldluft ein. Hier gefällt es ihm doch viel besser als in den engen Erdgängen! **„Duck dich!"**, schreit Tina. Jesper bückt sich. Über ihm rauscht es leise, und er spürt einen Luftzug im Haar. „He, Eule, lass das! Die sind kein Futter", schimpft Rotschopf. Neben der Lok landet eine **riesengroße** Eule. Sie sieht die kleinen Menschen aus ihren runden Augen an. „Oh, Entschuldigung. Hab euch für Mäuse gehalten", sagt sie leicht beleidigt.

„**Puh!** Ich habe dich gar nicht kommen hören",
staunt Jesper, dem immer noch das Herz klopft. „Nun,
wir Eulen können ja auch unheimlich leise fliegen",
sagt die Eule und plustert sich noch ein wenig mehr
auf. „Und in der Nacht können wir sehr gut sehen. Wir
sind sowieso am liebsten nachts unterwegs. Aber warum seid ihr noch hier? Menschen schlafen doch
nachts." Neugierig beugt sie sich herunter. Tina erzählt
ihr vom Igel. Aber dabei rückt sie sicherheitshalber ein
Stück weiter weg von dem spitzen Eulenschnabel.

Die vier Jahreszeiten

„Gut, dass ihr mich trefft", prahlt die Eule, „ich weiß alles über den Wald." Rotschopf nickt eifrig. Die Eule setzt sich zurecht. „Könnt ihr euch den Wald im Frühling vorstellen? Macht einmal eure Augen zu!" Tina und Jesper schließen brav ihre Augen. „Im Frühling", erzählt die Eule, „da wacht der Wald aus dem Winterschlaf auf. Zuerst strecken die Schneeglöckchen ihre weißen Köpfe aus dem Boden. Dann wachsen immer mehr Blumen, und überall öffnen sich die Knospen. Die neuen Blätter der Bäume strahlen im hellsten Grün. Viele Tiere bekommen Junge, und im Wald kribbelt und krabbelt das neue Leben."

„Dann kommt der Sommer", spricht
die Eule weiter. „Im August, wenn es
heiß und drückend ist, bleibt es im Wald schön
kühl. Die dichten dunkelgrünen Blätterdächer
der Bäume halten die heiße Sonne zurück.
Auf dem Waldboden können Efeu, Farne
und Moose wachsen. Und viele Beeren reifen am
Waldrand heran: Brombeeren, Walderdbeeren und
Himbeeren. Die jungen Tiere werden älter und
gehen ihren Weg." Tina und Jesper wird es
richtig warm, während die Eule erzählt.

„Jetzt haben wir Herbst", wispert die Eule. „Hört doch einmal genau hin: Da raschelt es im Wald am schönsten. Die Blätter werden bunt und fallen von den Bäumen. Viele Tiere legen Vorräte an, um den langen Winter zu überstehen. Manche Tiere ziehen in wärmere Gegenden, wie die Schwalben, Gänse und andere Zugvögel, die nach Afrika fliegen. Im Wald wird es immer kälter, und oft ist es neblig." Jetzt fangen Tina und Jesper ein bisschen an zu frieren. Die Eule hat recht, eine Herbstnacht ist ziemlich kühl!

Die Eule seufzt behaglich. „Und dann kommt der Winter. Der Wald ist ganz ruhig. Die Bäume haben keine Blätter mehr, aber neue Knospen warten schon an ihren Ästen. Viele Insekten sterben, weil es kalt ist, aber sie haben vorher Eier oder Larven abgelegt, die den Winter gut überstehen. Größere Tiere kommen manchmal nur zum Fressen aus ihren Höhlen, sie halten Winterruhe. Wie du, liebes Eichhörnchen." Rotschopf gähnt schon mal und fügt noch hinzu: „Und ein dickeres Fell bekomme ich auch, wie alle Pelztiere." Die Eule nickt. „Und manche Tiere verschlafen gleich die ganze kalte Zeit und wachen erst im Frühjahr wieder auf."

Die Eule schweigt. Sie ist mit ihrer Rede sehr zufrieden.
„Und was hat das alles mit unserem Igel zu tun?", fragt Tina
ungeduldig. Die Eule sieht sie streng an. „Na, ein Igel hält
auch Winterschlaf! Er frisst ganz viel, damit er eine
dicke, warme Fettschicht bekommt, und baut sich
im Herbst ein Blätternest. Bestimmt habt ihr
ihn dabei gestört!"

oh!

Jetzt schämt Tina sich ein bisschen. Sie wollten doch helfen
und haben den Igel stattdessen gestört?

„Nun sei nicht so streng, Eule", tadelt Rotschopf. „Besser, sie wecken ihn jetzt als mitten
im Winter. Jetzt kann er sich noch ein ruhigeres Plätzchen suchen. Das ist doch gut!" –
„Aber gehört er nicht trotzdem in den Wald?", fragt
Jesper verwirrt. „Nicht unbedingt", sagt die Eule. „Igel
leben auch gern in Wiesen und Feldern." – „Oder in großen
Gärten", mischt sich Professor Zweistein ein. „Und dahin
müssen wir jetzt auch zurück. Ich danke dir, liebe Eule, du
hast uns sehr geholfen!"

Die Eule nickt und schwingt sich wieder lautlos in die Nachtluft.

Nun müssen sie sich von Rotschopf verabschieden.
„Danke, liebes Eichhörnchen", sagt Tina. „Jetzt gehst
du sicher wieder Futter sammeln, für deinen Winter-
vorrat, oder?" Rotschopf nickt. „Und ich habe auch
schon einen tollen Kobel, ihr habt ja mein Nest gese-
hen", sagt er stolz. Jesper nickt. „Ich wünsche dir
schöne Träume beim Schlafen", sagt er.
Dann steigen Jesper und Tina wieder in den Waggon.
Sie winken Rotschopf durchs Fenster zu.

Danke, liebes Eichhörnchen!

Schon steigt der RAUCH aus dem Schornstein empor, und sogleich ist der Zug umhüllt von dichtem Nebel, und sie können Rotschopf nicht mehr sehen. Es zischt und knirscht, und dann ist es auf einmal still.

„Wir sind zurück", meint Jesper, als er den Garten des Professors und die Spielgeräte vom Kindergarten erkennt.

„Alles aussteigen, die Fahrt ist zu Ende!", ruft der Professor.

„Und was machen wir jetzt mit dem Igel?", fragt Tina.
„Sieh doch mal nach", lächelt der Professor. Tina läuft zum
Strauch, aber der Igel ist weg. „Der war schneller, als ich
dachte", staunt Professor Zweistein. „Schließlich waren wir
ja kaum weg von hier, Zeitreisen beginnen und enden im
selben Moment."
„Sicher sucht er sich jetzt ein ruhigeres Plätzchen", überlegt
Jesper und legt Tina tröstend den Arm um die Schulter.

„Ach, hier seid ihr", sagt plötzlich eine helle Stimme. Tanja, die Erzieherin, kommt in den Garten. Sie lacht. „Na, habt ihr den Professor wieder mit Fragen gelöchert?"
„Wir wissen jetzt alles über Igel", sagt Tina stolz. „Und über den Wald", ruft Jesper.

„Na, dann erzählt mal", sagt Tanja lächelnd und geht mit ihnen zum Kindergarten.

Der Professor
lehnt sich gähnend
auf seiner Bank zurück.
„So, kleiner Igel", sagt er laut. „Nun lauf, denn ruhig ist es hier nicht, mich besuchen ständig neugierige Kinder!" Und dann lacht er in sich hinein, denn diese Besuche sind für ihn das Schönste am ganzen Tag.

Forscherbericht

Nachdem Tina und Jesper den Kindern im Kindergarten ihr Wald-Abenteuer erzählt haben, orga-
nisiert Tanja eine Wald-Woche. Hier siehst du,
was die Kinder gebastelt und herausgefunden
haben:

Mit buntem Herbstlaub
kann man eine schöne
Laterne basteln.

Nina, 5 Jahre,
Fischegruppe

AHORN
EICHE
BUCHE
KASTANIE

Fang
Lunte
Lauf / Läufe

So sah der listige
Fuchs aus. Den
Schwanz nennt der
Jäger auch „Lunte",
die Beine heißen auch
„Läufe" und das Maul
„Fang".

Jonas, 5 Jahre,
Maikäfergruppe

Hier haben wir alles gesammelt, was wir über die Schlafplätze der Waldtiere gelernt haben.

Sira, 5 Jahre, Sonnenblumengruppe

Das ist der Maulwurf mit seinen Grabschaufeln. Seine Augen sind fast blind – er kann nur hell und dunkel unterscheiden.

Felix, 3 Jahre, Maikäfergruppe

Ein Querschnitt des Waldbodens

Frieder, 5 Jahre, Fischegruppe

47

Der Hirsch, die Eule und Rotschopf

Maria, Sonnenblumengruppe, 4 Jahre

An den Jahresringen kann man erkennen, wie alt ein Baum ist: Zwölf Ringe bedeuten, dass der Baum zwölf Jahre alt war.

Lili, 5 Jahre, Maikäfergruppe

Waldkauz

Der Waldkauz ist eine Eule, die in unseren Wäldern häufig vorkommt. Sie ist nur nachts unterwegs, tagsüber schläft sie in ihrer Höhle oder in einer Baumkrone. Ihr Gefieder ist grau oder braun, und besonders gern frisst sie Mäuse.

10

11

Nachdem wir mehr über die Eulen wussten, waren sie uns nicht mehr unheimlich.

Oskar, 5 Jahre, Sonnenblumengruppe

Hier kochen wir Marmelade aus leckeren Waldbeeren.

Sara, 4 Jahre, Fischegruppe

Kohlmeise

Kleiber

Dompfaff

Rotkehlchen

Amsel

Spatz

Buchfink

Blaumeise

Eichhörnchen

Fuchs

Wildschwein

Reh

Igel

Maus

Walderdbeeren

Brombeeren

Himbeeren

Blaubeeren

Beeren aus dem Wald können krank machen, wenn man sie
ungewaschen und ungekocht isst. Aber man kann sie sammeln
und daraus Saft oder Marmelade machen.